Ln 27.1792.

JEAN REBOUL

ÉTUDE

BIOGRAPHIQUE ET LITTÉRAIRE.

TOULOUSE
DELBOY, LIBRAIRE-ÉDITEUR
71, RUE DE LA POMME, 71
—
1864

JEAN REBOUL

Je ne viens point faire un article nécrologique en l'honneur de mon illustre compatriote et ami Jean Reboul, qui vient de s'éteindre dans sa ville natale. Les noirs cyprès, déjà plantés sur sa tombe, les couronnes d'immortelles, les roses effeuillées, les palmes, les éloges académiques ne feront pas défaut à sa mémoire vénérée. Assez de voix s'uniront, dans un concert de pleurs, pour célébrer ses vertus privées, la rigidité de ses mœurs antiques, la sainteté et l'élévation de son âme et l'éclat de son génie. Lorsqu'au firmament de notre Midi, nous pleurons tous une étoile de moins, il doit être permis de s'affranchir des conditions ordinaires de la publicité, pour exprimer simplement une grande douleur d'une voix attendrie, et pour mêler les larmes d'une émotion vraie à celles qu'on a versées devant les splendides et derniers rayonnements d'une de nos gloires les plus pures, au souvenir du poète qui n'est plus.

Sans doute, pour ceux qui ont délaissé les bords de la fontaine sacrée de Nemausus, les ombrages du temple de Diane aux faunes couronnés de pampre, la porte d'Auguste, la voie romaine qui conduit au pont du Gard, la basilique d'Agrippa à la colonnade corinthienne, et les vastes solitudes de l'amphithéâtre, il y a un charme particulier à célébrer le gardien de ces ruines grandioses ; mais les souvenirs du berceau mis à part, n'y a-t-il pas ici lieu de reconnaître que la gloire du poète de Nîmes n'était pas exclusivement locale, qu'elle avait franchi les limites de l'ancienne Occitanie, qu'elle était essentiellement française et surtout fille adoptive de la cité palladienne, puisque, à l'exemple de Victor Hugo et de Lamartine, Reboul était en possession du titre de maître ès-jeux floraux. C'eût été là peut-être une raison suffisante pour motiver une délibération spéciale de l'Académie de Clémence-Isaure, qui eût pu déléguer un de ses membres aux obsèques de Jean Reboul ; mais, sans chercher à nous livrer ici à des récriminations qui seraient inexcusables en cette circonstance, revenons à notre sujet.

« Que chacun examine sa pensée, a dit Blaise Pascal, et il la trouvera toujours occupée au passé et à l'avenir. Nous ne pensons presque point au présent, et si nous y pensons ce n'est que pour en prendre la lumière, pour en disposer l'avenir ; le présent n'est jamais notre but, le passé et le présent sont nos moyens ; le seul avenir est notre objet. Ainsi, nous ne vivons jamais, mais nous espérons de vivre, et nous disposant à être heureux, il est indubitable que nous ne le serons jamais, si nous n'aspirons à une autre béatitude qu'à celle dont on peut jouir en cette vie. »

L'auteur de l'*Ange et l'Enfant*, dont l'âme débordait d'infini et pour qui la terre n'avait pas d'allégresse, considérait sans doute aussi le présent comme une porte entr'ouvrant l'avenir, car il semble avoir eu constamment en vue cette pensée de Pascal qu'il a développée dans ses rhythmes les plus saisissants. Le poète nîmois laisse à d'autres le soin de dresser des autels aux divinités du jour ; le présent l'occupe peu ; il n'a souci que de l'aurore et des splendeurs empourprées du couchant. Dans les réalités de la vie, s'il aperçoit l'enfance et la vieillesse, et s'il leur prodigue ses chants et ses fleurs, c'est qu'elles sont pour lui le vivant symbole de sa pensée et l'expression de ses tendances, l'image de ses plus douces évocations chrétiennes et un gage d'avenir au seuil de l'éternité. Il allait donc sans cesse du berceau à la tombe, chantant avec Uhland l'hymne de l'enfance, et penché, comme l'ange, sur le bord d'un berceau, il y contemplait son image,

Comme dans l'onde d'un ruisseau ;

puis, le front couronné d'une auguste et mâle vieillesse, le poète retrouvait toute sa majesté, et en murmurant d'autres accents, qui ont été pour lui le chant du cygne, il s'écriait :

Sans cesser d'être enfant, je suis devenu vieux ;

vers admirable, éclos dans ces dernières années et qui résume, pour ainsi dire, l'œuvre dernière du poète contenue dans les *Traditionnelles*, dont la presse tout entière a rendu compte, il y a sept années, et dont le *Moniteur* lui-même, par la plume autorisée de M. A. Thierry, a loué les accents cornéliens.

Poète et grand parmi les poètes, Reboul était entré dans la carrière lyrique sous les ailes de l'inspiration religieuse, et jamais il ne démentit les premiers essais de son génie. Evidemment l'esprit de parti vint en aide au poète-artisan, à son début dans l'arène poétique, et plus d'un adorateur du passé tendit la main à sa muse, dans l'espoir de l'opposer à d'autres dont le retentissement était importun ; mais il faut dire aussi que nul ne méritait plus que lui d'être honoré d'un tel hommage, et, en constatant ce fait, nous ne prétendons pas le changer en reproche. Il y a plus, car, s'il fut accueilli avec sympathie, dès ses premiers pas, dans le monde littéraire, il ne faut pas oublier qu'alors la fièvre du romantisme était dans sa période d'incandescence et qu'elle enflammait toutes les intelligences. Le poète nîmois profita largement du mouvement littéraire de cette époque qui emportait les esprits vers des régions nouvelles, et qui consacrait dans notre langue le triomphe d'un élément poétique inconnu jusqu'à ce jour, du lyrisme introduit avec art dans l'idiome de La Fontaine, de Corneille, de Racine et de Voltaire, presque rajeuni comme les idées.

Il ne faut donc pas s'étonner qu'au milieu de la tempête romantique de 1830, qui succédait à un cataclysme révolutionnaire, le poète-artisan, fidèle à ses vieilles croyances, ait rompu avec le passé, au point de vue de la forme : monarchique en politique, révolutionnaire en poésie, et offrant ainsi le spectacle de la même contradiction qu'on remarquait en Prusse chez l'auteur des *Epigones*. C'est ainsi qu'il apparut comme une sorte de phénomène au sein de la pléiade du romantisme. En recevant le baptême de gloire des Châteaubriand, des Dumas, des Lamartine, Reboul ne cessa pas cependant de rester le poète-boulanger, comprenant qu'il y aurait eu une sorte d'immodestie et peut-être un peu d'ingratitude à dépouiller le vieil homme et à sacrifier le pur froment à sa couronne d'épis d'or. A ce moment de sa vie, fertile en ovations de tout genre, le poète des *Méditations* venait lui octroyer l'accolade fraternelle, et Reboul lui répondait :

> « Mon nom qu'a prononcé ton généreux délire
> Dans la tombe avec moi ne peut être emporté,
> Car toute chose obscure, en passant par ta lyre,
> Se revêt d'immortalité! »

A la même époque, l'auteur des *Martyrs* rendit visite au poète-boulanger qui lui lut les stances célèbres de l'*Ange et l'Enfant*. En les reproduisant, dans son *Essai sur la littérature anglaise*, édité chez Furne en 1836, Châteaubriand ajouta ces paroles, qui nous ont toujours paru assez peu significatives : « Si Reboul a pris femme parmi les filles de Cérès et que cette femme devienne sa muse, la France aura sa Fornarina. »

Dans ses *Harmonies poétiques*, M. de Lamartine avait été mieux inspiré. La pièce intitulée : le *Génie dans l'obscurité* y est dédiée à Jean Reboul. Le chantre d'Elvire disait :

> Le souffle inspirateur qui fait de l'âme humaine
>   Un instrument mélodieux,
> Dédaigne des palais la pompe souveraine.
> Que sont la pourpre et l'or à qui descend à peine
>   Des palais rayonnants des cieux ?

Salué par d'universelles acclamations et incorporé dans la nouvelle phalange poétique, Reboul essaya de s'élever plus haut encore, et oubliant le mode lyrique, il osa, dans le *Dernier jour*, lutter avec la grandeur épique d'Alighieri Dante et buriner un poème. Le succès ne répondit peut-être pas complétement à son attente. Une circonstance particulière explique cette défaite. Alexandre Soumet, qui avait quitté la cité d'Isaure, venait de publier à Paris la *Divine Epopée*. Deux poèmes jetés presque en même temps dans le gouffre de la publicité, en un pays qui, selon Voltaire, se glorifiait de n'avoir pas de poème épique, c'était une hardiesse trop grande. Le succès de l'un devait nécessairement nuire au succès de l'autre ; c'est ce qui advint ; mais loin de s'abandonner au découragement, le poète nîmois, à l'âme fortement trempée, se livra au travail avec une nouvelle ardeur, et d'un labeur soutenu naquit *Vivia*, œuvre dramatique et chrétienne, éclose au souffle inspirateur de Corneille, et qui obtint à l'Odéon un succès littéraire. M. Altaroche, placé à la tête de diverses publications périodiques, adressait alors à Reboul une pièce de vers dont le refrain était :

> Si Lamartine a tressé ta couronne
> Que Béranger l'attache sur ton front.

Reboul, qui n'était jamais en reste de poésie, lui répondit immédiatement :

> De ton hommage, ami, serais-je digne
> Si, vil serpent, j'allais changer de peau.
> . . . .
> Pour que son règne arrive sur la terre
> La liberté doit descendre des cieux.

C'était deux ans avant la Révolution de février. Me trouvant alors à Paris, sous une sorte de tutelle de Béranger, j'eus occasion de voir que mon compatriote n'opposait pas cependant une résistance opiniâtre aux vœux d'Altaroche, et je fus curieux de savoir comment s'étaient rencontrés les deux grands poètes populaires du Midi et du Nord. Le Midi alla trouver le Nord. Jean Reboul, accompagné de M. Defresne, rendit visite à Béranger, qui demeurait alors à l'Enclos-Sainte-Marie, près de la barrière de l'Etoile, et j'appris le lendemain quel avait été le but de cette visite. A l'heure accoutumée, j'allai frapper à la porte de l'illustre chansonnier, et il me raconta lui-même ce que je voulais savoir. Voici à peu près quelles furent les paroles de Béranger : « Reboul est un brave homme! oui, c'est un brave homme! » Ces mots, dans la bouche de ce spirituel railleur, devant lequel M. Thiers lui-même n'était jamais à son aise, et qui, suivant M. de Sainte-Beuve, faisait auprès de Lamennais son métier de diable, résonnèrent dans mon cœur comme une mortelle ironie. Je compris que les deux poètes étaient à des pôles opposés, soit au point de vue des croyances religieuses, soit au point de vue des opinions politiques. J'en fis la remarque à l'illustre maître, qui persista à me répéter que mon compatriote était un brave homme et que jamais il n'aurait dû écrire une tragédie. Béranger faisait allusion à la pièce de *Vivia*, dont Reboul lui avait lu les principaux passages. Le chansonnier s'était efforcé de dégoûter du théâtre le poète de Nîmes, en lui représentant toutes les difficultés d'une entreprise qui paraissait en dehors de ses habitudes, et qui a fait dire à Beaumarchais que l'esprit ne consiste pas à composer une œuvre dramatique, mais à savoir la faire jouer. Nonobstant ces observations, Reboul, qui était appuyé par quelques amis, s'obstina dans sa résolution ; la pièce fut représentée à l'Odéon, et elle n'obtint, comme nous l'avons dit, qu'un succès littéraire, c'est-à-dire un succès d'estime.

Il avait en même temps livré au public un nouveau volume de vers qui n'ajoutait rien à sa gloire. Le public ne se lassait pas de lui opposer l'*Ange et l'Enfant*, la *Barque du pêcheur*, et les strophes suivantes qui ont acquis une grande célébrité :

> Au jour de ténèbres profondes
> Tout chantre sublime est jeté,
> Comme un soleil parmi les mondes,
> Pour leur prodiguer sa clarté.
> Astre choisi, si je dois luire,
> Que mes rayons soient bienfaisants !
> Souviens-toi du ciel, ô ma lyre !
> Car c'est du ciel que tu descends !

Mais arrivons à son principal recueil, à celui dans lequel il a mis son âme tout entière, et qui est peut-être son testament de mort : nous voulons parler des *Traditionnelles*, publiées en 1857. J'ai là, sous les yeux, cet ouvrage dont Reboul m'apporta lui-même un jour un exemplaire, en venant me donner lecture d'une pièce de vers pour la souscription Lamartine, et qu'il désirait que je pusse insérer dans un journal que je dirigeais à Nîmes.

Dans la courte introduction qui ouvre le volume, on lit ces mots : « J'ai apporté sans calcul, avec bonne foi, mes faibles secours du côté où j'ai cru l'ordre social menacé ; s'il m'était arrivé, cependant, soit dans mes sentiments, soit dans mes appréciations, de dépasser le but, je laisse au bon sens public le soin de rétablir l'équilibre, en priant toutefois le lecteur de songer que le poëte ne saurait avoir la froideur du philosophe, que la muse ne se règle pas comme une pendule, et que, sans trépied, cette sybille est insupportable. » Nous allons voir de quel côté Reboul a cru l'ordre social menacé.

Ceux qui ont étudié dans leurs origines les funestes tendances du scepticisme moderne, hautement censuré, il y a plus de trente ans, par ceux qui, de l'indifférence, en matière religieuse, faisaient la principale plaie de l'époque, peuvent se rendre compte des suprêmes délectations que la chute de ces censeurs procura à nos sceptiques. Les apostasies n'ont que des fruits cendreux ; elles ne sont favorables ni aux vastes éclosions philosophiques, ni au développement de la loi morale, ni à l'épanouissement de la liberté ; aussi peut-on dire que les volte-faces de M. de Lamennais n'ont pas plus servi la cause libérale que celle de la religion ; elles ne pouvaient guère favoriser que le despotisme en consacrant fastueusement les dégradations de la pensée. L'éclipse de l'esprit religieux n'annonce-t-elle pas fatalement l'heure de l'asservissement, du crépuscule des grandes vérités morales et des déploiements de la force? Benjamin Constant n'a-t-il pas dit : « L'époque où le sentiment religieux disparaît de l'âme des hommes est toujours voisine de celle de leur asservissement. Des peuples religieux ont pu être esclaves ; aucun peuple irréligieux n'est demeuré libre. La liberté ne peut s'établir, ne peut se conserver que par le désintéressement, et toute morale étrangère au sentiment religieux ne saurait se fonder que sur le calcul. »

Dans la pièce qui a pour titre : *A un apostat*, Reboul fait peser sur Lamennais la responsabilité de nos défaillances, et il le foudroye en ces termes :

Ainsi donc, rencontrant le Seigneur face à face,
Tu n'as rien rabattu de ta fatale audace !
L'humilité d'esprit fut trop haute pour toi,
Du père des chrétiens tu retires ta foi !

Prêtre, vers son déclin recommençant la vie,
Tu meurs à ton Eglise et renais pour l'impie !
Et voilà que tes jours se vont choquer entr'eux
Comme des vents rivaux sous un ciel orageux.
L'orgueil du philosophe, en dévorant l'apôtre,
Fait ta vie en deux parts ; l'une accusera l'autre.
Et déjà tu voudrais chasser tes anciens jours
Comme des fils issus de coupables amours ;
Tant tu laissas mourir de choses dans ton âme,
Tant ce que tu fis saint te devient presque infâme.
Le sarcasme imposteur remplace l'oraison,
Et le sel de la terre en devient le poison.
Héliodore ardent, sous les traits d'Isaïe,
Quel œil eût deviné Jérusalem trahie ?
Oh ! peux-tu concevoir de quel sommet du ciel
Ton génie est tombé, malheureux Ariel ?
L'enfer même, l'enfer pour qui ta raison lutte,
N'a pas de profondeur pour mesurer ta chute.
Du fond de cet abîme où tu ronges ton frein,
Tu flattes vainement ton orgueil souverain
De voir bientôt le Christ à l'état de squelette ;
Tu n'abuses que toi, déplorable athlète.
Si l'avenir sourit, ce ne peut être à toi ;
Rome ne mourra pas de la mort de ta foi.

Dans cet ouvrage, Reboul donna la mesure de l'intelligence la plus élevée et de la sûreté de son coup-d'œil comme observateur. Toutes les pièces que contiennent les *Traditionnelles* ne sont pas des morceaux de haute fantaisie tels que le *Barbier de mon père*, le *Bric-à-brac*, la *Chèvre de saint Pierre*, ou des pièces de sentiment comme la *Cueillette des olives*, le *Pauvre aveugle*, le *Souvenir de la veille de Noël*, ou des produits du plus pur mysticisme poétique tels que les *Langes de Jésus*, le *Sommeil de Jésus*, la *Tristesse de saint Joseph*, un *Regard de Jésus*. Quoique ces pièces soient revêtues d'un cachet d'originalité remarquable et empreintes d'une couleur poétique pleine de fraîcheur, il faut néanmoins ne pas perdre de vue que les grands accents de l'auteur, les traits les plus majestueux, les plus complets de sa muse se révèlent dans les pièces sérieuses du volume, où vit tout entier l'homme convaincu, philosophe chrétien, penseur profond, poète suréminent.

Il faut lire ses vers à M. de Lamartine après la publication des *Girondins*, les pièces intitulées du *Sacerdoce en temps de révolution*, à M. l'abbé de Cabrières ; du *Citoyen en temps de révolution*, le fragment ayant pour titre : la *Vision*, et une foule d'autres qui attestent le travail de la pensée et la substantielle nourriture de l'âme. Envoyé par ses concitoyens à l'Assemblée constituante, Reboul avait vu de près nos trafiquants et négriers de la publicité, nos petits Messies, nos brasseurs de révolution, faisant la guerre au soleil sous prétexte d'éclairer le monde, obscurantistes licencieux, vils hoquetons de la littérature, gens de sac et de hart, pamphlétaires du ruisseau, rassemblant comme des sangliers dans leurs bauges, les ordures et les détritus pour en faire une panacée à jeter à la tête du genre humain, prétendus adorateurs du dieu Pan et n'étant que les sacristains affairés du Veau-d'Or ; sans cesse à genoux devant les grands justiciers de la finance et se préparant voluptueusement dans l'ombre et le mystère à saper les derniers fondements de nos croyances, et à inaugurer le règne de la matière en proclamant l'unité monstrueuse du dieu Ventre et du dieu Phallus. A ces indignités de notre époque, l'auteur des *Traditionnelles* avait rendu complète justice en les flétrissant à jamais, et en imprimant sur le front de certains hommes le fer rouge de sa colère. Puis, les journées de juin le virent verser des pleurs sur la tombe de Mgr Affre et prier Dieu pour la France.

> Vous ne permettrez pas que la France périsse !

disait-il à son Dieu. Et dans une autre pièce, stigmatisant ceux qui s'écrient :

> Qu'importe le pilote au navire sauvé,

il montrait à nu leurs faiblesses, dévoilait l'élasticité de leur conscience et le sensualisme grossier de leurs doctrines. La main dans la main d'un ami, Reboul a des accents pleins d'amertume, et il nous en coûte, hélas ! d'avouer que le poète n'a été que trop clairvoyant. Prêt à régner en maître sur les intelligences, comme il règne en maître dans les âmes, le matérialisme le plus abject monte quand il le faut sur le trépied de la science pour se donner des airs d'oracle. Rejetant le Créateur, il fait de l'homme un quadrumane bien appris, et il invente des cosmogonies pour le besoin de sa cause. Une mâchoire d'âne dont il fait une antiquaille, un morceau de silex seront pour lui des traits de lumière, et il les préfèrera à l'enseignement imposant de nos quarante siècles de tradition et à tous les monuments de la pensée humaine. Abjection et stupidité !

Pendant ce temps de criminelles tentatives, nos grands centres sembleront se mouvoir autour d'un soleil nouveau, et leur moteur ne sera guère qu'une Babel hantée par la religion de l'or, apparaissant de jour en jour avec tous les signes de la puissance souveraine. Les grands destins de ce monde seront pesés au poids de l'or, et l'homme, emporté dans le tourbillon d'une cupidité universelle, n'aura qu'un souci, à chaque heure du jour. Le seul problème qu'il essaiera de résoudre, sera celui de se renfermer savamment dans ce vaste triangle équilatéral dont les trois côtés sont la jouissance, le capital et la Bourse. Géomètre hébété, quand il sera las d'emprisonner ses vues dans des limites si matérielles, il essaiera, à ses moments perdus, de faire tourner des tables pour surprendre des dieux inconnus, et il sonnera une deuxième fois les funérailles du bon sens.

Si l'on nous demande maintenant de formuler un jugement sur l'ensemble de l'œuvre du poète, qui proteste avec tant de force contre de telles aberrations, nous devons, sans hésiter, avouer notre impuissance. Le temps n'est pas venu, croyons-nous, de dire la vérité tout entière sur cette œuvre imposante, encore trop près de son berceau. Les jugements précipités que l'on rend en ces matières sont bien souvent infirmés par la postérité. Mille exemples attestent cette vérité et justifient amplement notre réserve. Il nous sera, toutefois, permis de constater le caractère durable des travaux poétiques de Jean Reboul, parce qu'ils remplissent dignement toutes les conditions requises pour la pérennité d'une œuvre.

Formé à l'école des grands maîtres, Reboul professe pour leur langue un respect éminemment littéraire qui ne se dément jamais. Son vers, frappé de main d'ouvrier, a un éclat métallique, dès longtemps reconnu ; il compense les rares défauts de la ciselure par une grande vigueur de ton. Il rejette toute surcharge, toute redondance. Il méconnaît l'embonpoint de la périphrase, les sonorités déclamatoires et les abus du néologisme. Son style semble taillé dans le vieux granit des gradins d'un amphithéâtre. D'une sobriété quelquefois excessive, ce style, presque toujours lyrique, a la franchise de l'allure et souvent la mâle simplicité des temps bibliques. Avec des qualités aussi éminentes, la poésie de Reboul serait immortelle, à ne considérer que son frontispice ; mais si l'on pénètre dans les profondeurs du sanctuaire illuminé par la foi, on reste frappé de cette vérité que le poète du Midi n'a jamais sacrifié le fond à la forme, et qu'il n'a fait servir l'auguste vêtement de la pensée qu'à des objets dignes de son culte, qu'à des inspirations dignes de sa foi, en se rendant l'interprète des plus purs sentiments qui vivent dans l'âme humaine, et des vérités, immuables comme les soleils. L'*Ange et l'Enfant* sera éternellement admiré, comme la *Vierge à la Chaise*, comme les plus beaux produits de l'art chrétien.

Après avoir assez longuement parlé de ses œuvres, il est temps de dire un mot du poète à la mémoire duquel une ville tout entière a payé un tribut de larmes et qui laisse de si profonds regrets dans le cœur de ses amis.

Fils d'un artisan et obligé pour subsister de demander à un rude labeur le pain de chaque jour, Reboul, au début de sa carrière, avait embrassé la profession de boulanger, qu'il ne quitta qu'après des arrangements de famille. Au milieu de ses triomphes les plus éclatants, alors que nos illustres contemporains se donnaient rendez-vous dans sa simple demeure, Reboul ne rougit jamais de son humble profession; même après qu'il en eut fait le sacrifice, la boutique du boulanger était toujours ouverte au citadin et à l'étranger. Mais si l'on voulait être admis dans l'intimité du poète, dans sa chambrette aux contrevents verts ouvrant au-dessus de la boutique, il fallait faire un détour et entrer dans la maison par une porte latérale. Au bout de l'escalier se dressaient des sacs de farine, qui étaient là attestant un passé laborieux.

Ainsi que l'a dit le premier magistrat de Nîmes, en prononçant une noble allocution devant le cercueil du poète : « La renommée portait le nom de
» Reboul jusques dans les régions lointaines. A me-
» sure que paraissaient ses belles créations, sa ré-
» putation s'en allait grandissant, et en attendant la
» consécration de la postérité, son génie recevait
» celle des contemporains illustres. Son humble
» demeure devint le rendez-vous de toutes les célé-
» brités. Poètes, écrivains, diplomates, artistes, sa-
» vants, tous voulurent presser dans leurs mains la
» main de l'enfant du peuple, devenu leur égal. Ce
» fut de la part des grands noms de la littérature et
» des beaux-arts un pèlerinage permanent. On s'arrê-
» tait à Nîmes pour visiter nos magnifiques monu-
» ments et notre poète-boulanger. »

Mais en couronnant d'éloges la modestie de Reboul, le même magistrat n'a eu garde d'oublier son désintéressement, qui a éclaté d'une manière tout exceptionnelle. Le trait suivant, que nous empruntons au discours du maire de Nîmes, en dira plus que nos paroles :

« Par deux fois, sous le règne de Louis-Philippe

» et sous celui de Napoléon III, la plus honorifi-
» que des récompenses lui a été offerte ; il a
» préféré garder l'obscurité glorieuse au sein de
» laquelle il vivait si aimé et si heureux : l'estime
» et l'affection de ses concitoyens suffisaient aux be-
» soins de son cœur. »

Il n'est peut-être pas inutile de rappeler que parmi les célébrités de notre époque, Béranger a montré un désintéressement égal à celui de Reboul ; les deux poètes auraient pu dire ensemble :

>Non, mes amis, non, je ne veux rien être,
>Semez ailleurs places, titres et croix.

Mais puisque le nom du chansonnier revient sous ma plume, on me permettra de reproduire ici le jugement qu'en portait Reboul, et de retracer aussi fidèlement que possible une conversation échangée avec mon compatriote au sujet de Béranger. Il m'arrivait souvent de rencontrer le poète nîmois faisant sa promenade habituelle à la Fontaine, sous les verts marronniers de ce beau jardin public, ou dans les allées sinueuses, ombragées de pins, qui conduisent à la Tourmagne. Un jour, l'ayant accosté, j'amenai la conversation sur l'auteur du *Roi d'Yvetot*, avec lequel Reboul savait que j'avais été en relation. « Le chantre du *Dieu des bonnes gens*, me dit-il, a toujours eu peur de s'engager dans les régions élevées du lyrisme ; son bon sens a été un obstacle à sa muse. En craignant de s'élever, il est quelquefois resté terre à terre, et il a toujours été un peu Chauvin. »

Notre entretien se généralisa ensuite, sans abandonner le champ de la littérature, et je puis dire, à la louange de Reboul, que dans la plupart des questions traitées par nous incidemment, il avait toujours une réponse prête, marquée à l'effigie du bon sens et dont le revers cachait quelquefois une suprême poésie. C'est qu'en lui le poète était tout l'homme. Supérieur aux événements, il restait, sans doute, attaché au culte des vieux souvenirs, mais il avait fait de la politique la frange d'or de son manteau. Quelques esprits légers ont voulu voir en lui un porte-drapeau. L'ambition de Reboul n'allait pas jusque-là. Ne cherchez pas des politiques parmi les poètes. Sans doute, dans tous les temps, les partis ont eu leur Tyrtée, dont ils ont essayé d'exploiter la renommée ; mais, qu'on le veuille ou non, il est certain que les poètes d'une certaine trempe sont au-dessus des partis. Ceux qui prétendent ravaler la poésie jusqu'à en faire la complice de nos égarements et de nos misérables querelles, sont dupes de leur myopisme, car ils ne savent pas tout ce que le cœur des poètes contient d'aspirations généreuses, d'illusions sacrées, de nobles sentiments s'épanchant en flots d'amour, de lumière et de vie.

Mais laissons là cette digression, et, en finissant, soyons l'interprète d'une juste douleur. Quand le Midi tout entier semble s'agenouiller au bord de la tombe de son poète, du Béranger catholique, plus grand que celui du Nord, du vaillant soldat du Christ qui opposa le bouclier d'Ubalde, bouclier de diamant, aux traits empoisonnés des funestes doctrines, c'est qu'il rend un immense hommage à la vertu et à la transcendance de l'homme et du poète, qui n'a jamais prostitué la dignité de sa muse, chaste et céleste vierge au manteau d'azur.

Divine protectrice de Reboul, la foi était pour lui descendue des hauteurs des sphères étoilées et avait placé dans ses mains la lyre des archanges dont il tirait des sons harmonieux. On eût dit alors que son génie échangeait avec les anges les plus doux secrets, les plus touchants accords; mais si l'Esprit-Saint venait à le toucher de son aile puissante, le poète aux lèvres frémissantes revêtait noblement la robe du prophète et semblait emprunter la langue d'Ezéchiel. C'est parce qu'en nos jours crépusculaires elle a compris l'autorité d'un tel sacerdoce, que la religion a entouré les funérailles de Reboul d'un appareil extraordinaire, et que, par la main d'un de ses ministres, elle lui a tressé, comme au Tasse, une couronne triomphale.

Que cette haute destinée, obscure à son aurore, resplendissante à son déclin, appelle nos plus graves méditations, et soyons fiers, enfants du Midi, d'honorer de tels grands hommes qui nous ont montré le chemin de la vie et les sommets sacrés de l'immortalité. Ainsi que l'a dit Lamartine, cet ami de notre Reboul, « l'homme est une petite pincée de poussière organisée, poussière empruntée pour quelques jours à ce petit globule de matière flottante dans l'espace appelé par nous la Terre. Considéré comme être corporel, l'homme n'est rien sur une planète qui est elle-même moins que rien ; mais l'homme, considéré comme ce qu'il est, c'est-à-dire comme être à deux natures, comme point de jonction entre la matière et l'esprit, entre le néant et la Divinité, change à l'instant d'aspect : l'homme atôme noyé dans un rayon perdu de soleil, et qui se confondait par son imperceptibilité avec le néant, se confond tout à coup par sa grandeur avec la Divinité.

R. VALLADIER.

TOULOUSE. — TYPOGRAPHIE DE RIVES ET FAGET.

www.ingramcontent.com/pod-product-compliance
Lightning Source LLC
Chambersburg PA
CBHW071425060426
42450CB00009BA/2032